NOTICE

De Tableaux,

ESQUISSES, DESSINS,

ÉTUDES DIVERSES, ESTAMPES, LIVRES
A FIGURES, ETC,

Appartenant à la succession de feu GÉRICAULT, peintre
d'histoire;

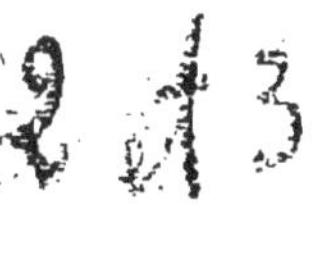

Paris

IMPRIMERIE DE HOCQUET,
Rue du Faubourg Montmartre, n. 4.

NOTICE

DE TABLEAUX.

IMPRIMERIE DE HOCQUET,
RUE DU FAUBOURG MONTMARTRE N°. 4.

NOTICE

DE TABLEAUX,

ESQUISSES, DESSINS,

ETUDES DIVERSES, ESTAMPES, LIVRES A FIGURES, ETC,

Appartenant à la succession de feu GÉRICAULT, peintre d'histoire;

Dont la Vente à l'enchère se fera les Mardi 2 et Mercredi 3 novembre 1824, à 6 heures de relevée,

En la Salle vitrée de l'Hôtel de Bullion, rue J.-J. Rousseau, n. 3;

Par le ministère de M. PARMENTIER, Commissaire-Priseur, rue Saint-Martin, n°. 285,

Et sous la direction de M. HENRY, Commissaire-expert des Musées royaux, Boulevard Saint-Martin, n°. 23.

L'Exposition publique de tous ces objets aura lieu les Dimanche 31 Octobre et Lundi 1 Novembre, depuis midi jusqu'à quatre heures.

CETTE NOTICE SE DISTRIBUE

Chez MM. PARMENTIER et HENRY, aux adresses ci-dessus.

1824.

AVANT-PROPOS.

————◦◦◦◦◦————

Toutes les tentatives que nous avons faites pour obtenir quelques renseignemens sur la vie et les ouvrages de Géricault, ayant été sans succès, nous nous bornerons à rappeler ici le peu de faits qui marquent les principales époques de sa trop courte existence dans les arts.

En 1812, Géricault exposa un portrait équestre qui surprit et charma les connaisseurs. Ce tableau était son début; ce fut aussi le fondement sur lequel sa réputation commença à s'établir. Elle s'accrut au salon de 1814; où il fit paraître son *Hussard chargeant*, et son *Cuirassier blessé*. La *Scène de Naufrage* qu'il exposa en 1819, mit le comble à sa célébrité. Dès lors Géricault fut mis au rang des Peintres qui illustrent aujourd'hui notre école, et partagea avec eux les éloges publics.

Un tel partage lui était d'autant plus honorable qu'il était jeune encore, et que les hommes supérieurs dont il osait se montrer l'émule, marchaient avec gloire et comme surchargés de lauriers dans la carrière difficile où il ne faisait qu'entrer.

On se souviendra long-temps de l'impression générale que fit la *Scène du Naufrage*, autrement dit *le Radeau*. Toutes les sensations qu'avait causées, quelques années auparavant, l'évènement déplorable qui inspira à notre artiste la composition de cette peinture sombre et terrible, se réveillèrent avec force dans l'âme de ceux qui eurent le courage de l'envisager : jamais tableau n'émut plus violemment. Pourquoi faut-il qu'il nous retrace, sous des couleurs auxquelles on ne peut reprocher que leur effroyante vérité, un malheur affreux, plutôt fait pour être voué parmi nous à un éternel oubli, que pour être transmis à notre postérité !

Je ne parle ici de ce tableau vraiment extraordinaire, je ne rappelle l'effet qu'il produisit au salon de 1819, que parce qu'il appartient à la succession de l'auteur, et qu'étant chargé d'en surveiller la vente, je dois avant tout en faire sentir la haute importance sous le rapport de l'art.

De la succession de Géricault dépendent aussi le *Hussard chargeant* et le *Grenadier blessé*. Quel beau tableau que ce *Hussard !* que de verve, quelle touche mâle et nerveuse, quelle richesse, quelle vérité de coloris! où trouver une autre peinture de ce genre, qui fasse plus d'honneur à notre école?

A ces tableaux sont réunies des copies faites d'après d'anciens maîtres, des études, des dessins la plupart coloriés, et une infinité de croquis, que leur mérite, autant que leur rareté, rendent plus ou moins précieux, et auxquels nous prions les amateurs de vouloir bien donner toute leur attention.

NOTICE
DE TABLEAUX.

TABLEAUX ET ESQUISSES

DE GÉRICAULT.

1. Scène de naufrage ; tableau sur toile, de 22 pieds de large sur 15 de haut, qui, comme il a été dit dans l'avertissement placé en tête de cette notice, fut exposé au salon du Louvre, en 1819, sous le n°. 510.

2. Hussard chargeant ; tableau exposé au salon de 1814. Haut., 9 pieds ; larg., 6.

3. Cuirassier blessé conduisant son cheval ; exposé au salon de 1814. Haut., 9 pieds ; larg., 7.

4. Deux esquisses de la scène de naufrage. Elles sont peintes avec feu, et remarquables par l'expression des personnages.

5. Deux grandes esquisses, batailles en Egypte.

6. Une très-belle étude faite d'après nature et représentant quatorze ou quinze chevaux rangés l'un près de l'autre, et tous vus par derrière.

7. Un cavalier turc, esquisse terminée.

8. Trois études de chevaux.

9. Distribution de vivres à des soldats, esquisse.

10. Quinze esquisses et études représentant des cavaliers et des chevaux. Cet article sera divisé en vendu en plusieurs lots.

11. Dix-huit esquisses et études représentant aussi des cavaliers et des chevaux.

12. Dix-huit esquisses : compositions, figures et animaux.

13. Dix-huit esquisses : courses, portraits, chevaux et cavaliers.

14. Douze esquisses : compositions et figures d'étude.

15. Quarante figures académiques, têtes d'études et portraits. Cet article et les quatre précédens seront divisés par lots au moment de la vente.

16. Deux études de lions.

17. Dix études de diverses parties du corps humain.

18. Quatre esquisses de paysages.

19. Etude de paysage représentant une vue des bords de la mer par un temps orageux.

COPIES

Faites d'après différens maîtres,

PAR GÉRICAULT.

20. Huit copies, la plupart traitées en esquisses, d'après Raphaël, Rubens, Titien, Véronèse, Bénédette, Deheem et autres maîtres anciens.

21. Une copie d'après Valasquez, représentant une mère de famille. Ce tableau est encadré.

22. Trois copies encadrées, d'après Fabricius, Ruysdael et Wynants.

23. Plus de cinquante autres copies d'après Raphaël, Titien, Parmesan, Guide, Salvator Rose, Mola, Michel-Ange de Caravage, Schidone, Spada, Biscaïno, Zurbaran, Rubens, Van Dyck, Rembrandt, Rogman, Fabricius, Van-Oost, Weenix, Sneyders, Gryef, Le Sueur, Jouvenet, MM. David, Gros et C. Vernet. Cet article sera vendu en plusieurs lots.

TABLEAUX

DE DIFFÉRENS MAÎTRES.

24. Par Michallon (Achile-Etna). Brigand armé; belle étude faite d'après nature.

25. Etude de paysage faite par le même.

26. D'après M. Gros. La bataille d'Eylau.

27. D'après Géricault. Scène de naufrage.

DESSINS ET CROQUIS,

PAR GÉRICAULT.

28. Six dessins coloriés : chevaux sortant de l'écurie, charrette de plâtrier, laboureurs, dame à cheval, sujet militaire, etc.

29. Six dessins coloriés : cavalier armé de pied en cap, chevaux à l'écurie, etc.

30. Quatre dessins coloriés, un représentant une charrette attelée, les trois autres des cavaliers.

31. Quatre dessins coloriés : chasseurs à cheval, Turc mort à côté du sien, cuirassiers, etc.

32. Quatre dessins coloriés, sujets militaires et autres.

33. Six dessins coloriés à la gouache et au lavis : figures et chevaux.

34. Douze dessins la plupart coloriés : compositions, chevaux, marines.

35. Trois dessins : compositions diverses représentant des scènes de naufrage.

36. Cinq dessins coloriés : sujets divers.

37. Cinq dessins à l'encre de la Chine : valet tenant un cheval par la bride, charretiers, etc.

38. Douze dessins-croquis sur deux feuilles, plus deux autres dessins représentant un grenadier français et une exécution de criminels à Londres.

39. Compositions, pensées, études de figures relatives à la scène de naufrage inscrite sous le n°. 1 de la présente notice.

40. Plusieurs lots considérables de dessins et de croquis : compositions, figures, chevaux et autres animaux.

41. Un lot de calques sur papier huilé, dont plusieurs rehaussés de blanc.

42. Trente-trois calepins remplis d'études ; figures, animaux, vues de paysages et compositions.

43. Un lot de figures académiques.

DESSINS

PAR DIFFÉRENS MAÎTRES.

44. Par M. Francia. Un paysage : dessin colorié.

45. Par M. Granet. Vue du lavoir des Capucins, à Rome : dessin colorié.

46. Par MM. Thomas, De Dreux et autres. Neuf dessins, la plupart lavés et rehaussés de blanc.

47. Par M. Charlet. Un dessin à la Sepia.

48. Environ cinquante dessins coloriés : costumes turcs, persans et autres.

49. Par M. H. Aschen. Sept dessins coloriés représentant des chevaux anglais.

50. Un dessin à la plume, attribué à Raphaël.

51. Six dessins coloriés d'après Robert.

52. Études anatomiques du cheval et autres.

ESTAMPES

LITHOGRAPHIÉES ET AUTRES,

En porte-feuille.

53. Un lot de gravures d'après Nicolas Poussin, entre lesquelles se trouvent les huit grands paysages.

54. Un porte-feuille contenant un grand nombre de gravures d'après Raphaël, Jules Romain, Michel-Ange, Le Sueur, Lebrun, Rubens, etc., etc.

55. Autre porte-feuille contenant aussi beaucoup de gravures anciennes et modernes, et notamment des estampes lithographiées par MM. C. et H. Vernet, Hersent, Géricault, Charlet, Belanger et autres.

56. Plusieurs gravures par MM. Débucourt et Coqueret, d'après M. C. Vernet.

57. Costumes militaires et autres, dont une partie est coloriée.

58. Divers sujets militaires par de la Rue. Les lions d'Abraham Blot-Ling, etc.

LIVRES A FIGURES, RECUEILS, etc.

59. Nouveau livre des cinq ordres d'architecture.

60. Abrégé d'anatomie accommodée aux arts, par Tortebat.

61. Iconographie des contemporains, depuis 1789 jusqu'à 1820. Quatre livraisons.

62. Victoires et conquêtes, estampes lithographiées par M. Grenier. Six livraisons.

63. Un an à Rome et dans ses environs, par M. Thomas. Plusieurs livraisons coloriées.

64. Uniformes des armées françaises, par MM. C. et H. Vernet. Dix-neuf livraisons.

65. Figures anatomiques de Bouchardon.

66. Cahier de gravures d'après l'antique, par F. Perrier.

67. Différens caractères de tête composés par Lebrun.

68. Le Antichita di Ercolano; 5 vol. in-4°, broch.

69. Imagini de gli Dei delli antichi, di Vicenzo Cartari; 1 vol. in-4° rel.

70. Le Maschere sceniche, etc.; 1 vol. in-4° couvert en parchemin.

71. Histoire de la milice française, par le père Daniel; 2 vol. in-8° reliés.

72. Les ruines de Pœstum ; 1 vol. in-f° cart.

73. Picturæ antiquæ Cryptarum romanorum et sepulchri Nasonum, etc.; 1 vol. in-f° rel.

74. La sacra genesi figurata da Rafaele d'Urbino, etc.; 1 vol. oblond rel.

75. Tableaux des habillemens, des mœurs et des coutumes de Hollande, avec figures coloriées; 1 vol. in-4° cart.

76. Encyclopédie pittoresque de Swebach; 5 vol. in-4° cartonnés.

77. Trattato della pittura di Lionardo da vinci; 1 vol. in-f° cart.

78. Atlas général, civil, ecclésiastique et militaire; 1 vol. in-4° broché.

79. Voyages à Pékin, Manille, etc., par M. de Guignes; 3 vol. in-8° broch., avec un vol. in-f° contenant des gravures et des cartes géographiques.

80. Les essais de Michel Montaigne; 1 vol in-folio, relié.

81. Les amours pastorales de Daphnis et Chloé; un vol. in-8° rel.

82. Histoire naturelle des singes et des makis ; 1 vol. in-f° broch.

83. Della pittura et della statua, di Léon Batista Alberti ; 1 vol. in-12 broché.

84. Idée générale d'une collection complète d'estampes ; 1 vol. in-8° cart.

85. Une chambre noire.

86. Règles et Equerres en verre, et autres objets qui qui peuvent avoir été omis.

FIN.